浪花朵朵

维京少年

走进海盗、如尼文、北欧神话的神秘世界

[德] 弗兰克·史威格 著

[德] 扬娜·斯泰曼 绘

李柯薇 译

海峡出版发行集团
THE STRAITS PUBLISHING & DIBLISHING GROUP

海峡书局

当听到"维京"这个词的时候，你会想到什么？也许是一艘艘扬着风帆、神出鬼没的战船；或者是一群红头发、大胡子的海盗，戴着牛角头盔，手里拿着斧头和长剑。维京海盗咆哮着冲向安宁的村庄和修道院，一路烧杀抢掠，像幽灵一样来无影、去无踪。这群野蛮人生活在欧洲北部，回到家里的他们围坐在篝火旁，喝着牛角杯里的蜜酒，边唱边笑，兴奋地大叫，炫耀自己最近的"英雄事迹"，讲述最崇敬的神明奥丁与托尔的传奇故事。

在维京时代，整个欧洲都笼罩在维京海盗的阴影中，直到现在他们还凶名远扬。然而，维京海盗就是维京文化的全部吗？

维京人的家乡在斯堪的纳维亚，位于欧洲北部。一千多年前，他们在波罗的海、北海和北大西洋周围生活，足迹从北极圈一直向南延伸到今天德国的石勒苏益格－荷尔斯泰因州。这片区域水系发达，分布着许多河流、湖泊，这样的地理环境让维京人成了优秀的造船师和航海家。在这片土地上，最快捷的交通工具就是船只。维京人的船在当时的欧洲就是最好的。

维京时代欧洲人口稀少。维京人生活在农庄或小村庄里，各个聚居点被丛林、山脉和湖泊隔开。大型城市、石头房屋、修建好的街道——在维京人这里，这些都不存在。

斯堪的纳维亚地区有大片平坦的土地，土壤肥沃，非常适合发展农业。实际上，大部分维京人并不是野蛮的战士，只是普通的农民。住在波罗的海海岸边的埃里克和他的家人，就是这样的维京人。

今天，埃里克又像前几天一样望着远处的大海，他非常想念自己的哥哥莱夫，担心再也见不到他了。播种期结束的时候，莱夫和二十多个住在附近的小伙子一起乘船出海，踏上了一场海盗之旅。他们还不到二十岁，个个都期待着做一番大事业，带回丰厚的战利品。他们从港口城市海塔布出发，那里离埃里克家只有两天的行程。

"我很快就会回来，"莱夫承诺，"给你们带很多好东西！"他匆忙地拥抱了埃里克，就和同伴一起出发了。他们这次旅行的目的地是爱尔兰，也许还要再往南走一点。"要看神和海上的风会把我们带到哪儿了。"莱夫笑着说道。他们将在那里交易货物，然后袭击修道院和村庄，把战利品扔到龙船上，在收获的季节回到家乡。如今，收获的季节已经过去很久了，还是没有莱夫的消息。

海湾之子

在德语中，"维京人（Wikinger）"一词来自一千年前斯堪的纳维亚人使用的古北欧语，有可能源于"海湾"（vik），或者源于位于挪威奥斯陆峡湾一带的"维肯地区"（Viken）。因此，维京人被称作"海湾之子"。

拉普兰德

挪威

瑞典

芬兰

北海

波罗的海

■ 维京人的家乡

天生的海盗

一开始，欧洲北部的居民只把那些乘船四处劫掠的海盗叫作"维京人"。这些海盗乘船出海，通过贸易或劫掠获得财富。因此，这个时候"维京人"指的是"出海航行的人"。随着时间的推移，"维京人"逐渐成了所有斯堪的纳维亚地区居民的统称。

"我要去海塔布！"

"你去那儿干什么？"埃里克的爸爸哈科惊讶地望向儿子。

"我要去海塔布打听莱夫哥哥的消息，也许那里有人听说过他和他乘坐的'冲浪者号'。"

爸爸摇了摇头，说："你乖乖地待在家里吧，没有你帮忙，家里的农活我一个人做不完。"

"我就去几天，很快就回来了。"

"那你想怎么去海塔布？"

"当然是走过去了。"

"你一个人去？不行，孩子，绝对不行。你才十二岁，我可不想在一年内连续失去两个儿子……"

埃里克吓了一跳，他问："爸爸，你真的认为莱夫哥哥出事了吗？"

爸爸叹了口气，说："我不知道，孩子，我不知道。别这么惊慌地看着我，莱夫那么强壮勇敢，他绝对不会有事的。来吧，我们得赶紧做完这些农活，还要把屋顶修一修。很快就到秋天了，看这个天气，马上要下雨了。"

埃里克知道，爸爸说得很对，家里的农活做不完的话，这个冬天会很难熬。他迈着沉重的脚步走进了田地。

捕鱼与狩猎

维京人的食物储藏室总是被鱼、贝类、虾和蟹塞得满满当当。他们也喜欢狩猎，用弓箭和陷阱捕捉鹿、兔子、松鼠、貂、狐狸、野猪、海豹和熊。这些动物的肉可以吃，皮毛可以做成衣服。

农场里的动物

勤劳的维京女人把牛奶和羊奶加工成黄油和奶酪，绵羊身上的毛则被她们做成了暖和的衣服。鸡、鸭、鹅可以产蛋，它们身上的羽毛可以做枕头和毯子。猪肉可以做成熏肉。

农民的工作

大多数维京人都是农民，农场里的收成刚刚够全家的吃穿。他们一年到头都在辛勤劳作，种植洋葱等蔬菜，以及最重要的粮食作物。维京女人会把收获的粮食加工成粥和面包。农场上的男人负责收集柴火、修缮房屋。还有一些巧手的工匠，能在自己的小作坊里做出实用的新工具。

这一天，埃里克家的气氛还和前些天一样压抑，已经很久没有人发自内心地笑过了。每个人都沉默地做着自己的工作：埃里克的妈妈西格伦正在准备一家人的饭菜；姐姐蒂拉站在织布机前，灵巧的手指上下翻飞；埃里克从外面的棚子里拿了些柴火，正在把它们堆在炉子旁边。妈妈的目光又落到了埃里克身上，埃里克心里所有的担心和焦虑，这会儿都毫无保留地写在了脸上。

"我也想念着莱夫，"妈妈还是说出了这句话，"每一天，每个小时，我都在想他，我和你一样思念着他。但是，埃里克，听到你爸爸跟你说的话了吗，你可不能一个人到海塔布去。"

"可是在海塔布停靠着那么多来自不同地方的船，肯定有人知道莱夫哥哥去了哪里！"

"也许吧，埃里克。就算你知道莱夫去了哪里，也不能把他从远方带回来呀！去吧，去给你爸爸帮帮忙吧，给他多递点修屋顶用的茅草。"

维京孩子

在维京人的家庭中，孩子从小就开始干活了。男孩是爸爸的左膀右臂，他们边干活边向父亲学习如何经营农场。另外，男孩还会从小学习如何使用武器。女孩则跟着妈妈，学着做各种家务活。

维京女人

一个维京女人的一天，总有各种繁忙的工作。她们负责全家的一日三餐，要保证家里随时都有充足的食物；她们要加工处理羊毛，缝制衣物、毯子和船帆；她们还要照顾家里的小孩和牲畜。如果某个维京女人的丈夫出海后久久未归，她就不得不在孩子们的帮助下独自支撑起整个家。

女主人

维京女人都有一把大大的钥匙，用带子挂在她们的围裙上。这把钥匙是家庭地位和权力的象征——它可以打开家里的柜子和箱子。柜子和箱子里放着各种物资，以及家里最重要的财产。

"要是去了海塔布，见到的每一个人我都要问一遍，"埃里克递给爸爸一捆茅草，说，"也许有人知道莱夫哥哥去了哪里。"

"也许吧。"爸爸叹着气说道。几天前，一阵狂风吹坏了家里的屋顶，他正在修补损坏的地方。

"埃里克，我不会让你一个人去海塔布的，你还太小。我去打听打听，也许这几天有邻居朋友也要去海塔布，正好可以带你一起去。"

"哇，太好了，谢谢爸爸！"爸爸的话像是一束光，瞬间就驱散了埃里克脸上的乌云。

埃里克激动地问道："爸爸，你当海盗的时候，也会出去这么长时间吗？"

"我们曾经有两个月都在海上。"

"那最后你们都回来了吗？"

"有两个人在战斗中就被敌人杀死了，还有两个人因为伤口感染去世，其他人平安回来了。那段时间太艰难了，糟心事一件接着一件！你知道的，我早就想劝你哥哥不要踏上这条路。"

埃里克叹了口气，要是爸爸说服了莱夫哥哥，该有多好啊！

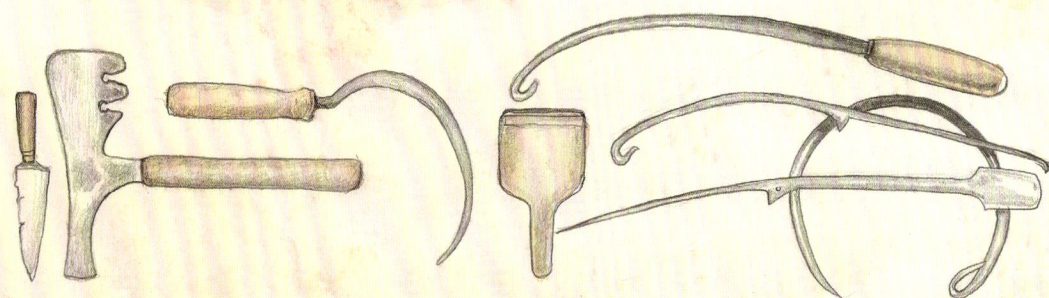

修补茅草屋顶的工具

维京人的房屋

维京人的房屋不是用石头,而是用木材、茅草、黏土等材料建成的。几根柱子支撑起用茅草覆盖着的屋顶,房屋的墙壁用木板和植物枝条拼成,中间的空隙用黏土填充。维京人的房屋一般有6—8米宽,长度往往取决于主人是否要将饲养牲畜的区域包括在内。房屋里没有窗户,最多在墙上或屋顶上开一处烟道。然而,这个烟道起不到什么作用,一旦烧起炉火,整个屋子里还是充满了烟雾。

维京人在房屋里的生活

维京人的房屋里,往往用墙壁隔出不同的生活空间。其中最重要的就是位于房屋中间、有暖炉的起居室,炉中的火焰给人们带来了温暖,也可以照明。在这里,维京女人准备食物,一家人在一起吃饭。每天晚上,维京人就睡在紧贴着墙的长凳上。房屋的地面是紧实的黏土层。

除了起居室,维京人的房屋可能还会有工坊、储藏室和饲养牲畜的地方。如果房屋里没有专门饲养牲畜的地方,在寒冷的冬天,这些牲畜就会和维京人睡在一起。

维京人的社会结构

在维京时代，欧洲各地都有奴隶这样的非自由人，这群可怜人没有任何的人身自由和权利。奴隶的来源有两种：一个人的父母是奴隶，那么这个人也是奴隶；战场上的俘虏在市场上被卖掉后也会变成奴隶。

自由人构成了维京社会的核心，其中大多数人都是农民，拥有自己的土地。在维京社会，只有自由人才能携带武器，在集会上发言。而那些最有权力的自由人被称为贵族，他们拥有很多土地和奴隶，享有很高的声望。除此之外，他们往往还会用雄厚的财力供养一支随从护卫队。

时间不断推移，维京人贵族中出现了国王，他们用武力打败了其他贵族，在欧洲北部建立了三个国家：丹麦、瑞典和挪威。

埃里克家的奴隶奥托正在劈柴，一旁的埃里克把柴火堆在墙边。

"莱夫很聪明，"奥托说，"也很谨慎，他会回来的。"

埃里克问道："你被俘虏的那场战争中，维京人一方有伤亡吗？"

"我不知道，"奥托回答，"那是个清晨，十多艘龙船来到我家乡的港口，船上的人一跃而出，大声地喊叫，手里挥舞着长剑和斧头。他们闯进我们的家，抢走了所有东西。还有一些人冲进教堂，把银子做的烛台和十字架都抢走了。"

"就没有人反抗吗？"

"只有几个人。你们维京人来无影去无踪，而且很强壮，我们拦都拦不住！"

"你呢？你当时在做什么？"

"我是个渔夫，当时我正坐在我的小船旁边缝补渔网。看到那群人，我想逃跑，有人就狠狠地打了我的头。等我醒过来的时候，我就在你们维京人的龙船上了。我的双手被绑了起来，脑袋都被打肿了。"

"你的头被打肿了？"

"嗯，那肿块有鸡蛋那么大。然后我就被你爸爸买回来了，成了奴隶。"

"我知道，"埃里克说，"那是六个月以前的事了，我爸爸为了买一个奴隶，攒了很久的钱。"

埃里克简直不敢相信：他可以去海塔布了！但他不是一个人去海塔布，莫滕会跟他一起。莫滕是一位流浪的吟游诗人，他经常在晚上来到埃里克家的农庄借宿。这次海塔布的一个富商邀请了莫滕，他会到富商女儿的婚宴上演唱他自己创作的诗歌。

"我在海塔布认识不少人，"当晚，莫滕和埃里克一家人围坐在炉火旁，他这样说道，"大多数都是到处旅行的商人，很可能有人听说过莱夫的消息。"

埃里克看着眼前这个大诗人，眼里满是仰慕的光。从埃里克记事起，他就认识这个有文化的叔叔了。莫滕总是一身风尘、四处流浪，却经常在埃里克家停下脚步，吃些热腾腾的饭菜，睡个好觉。

"也许我们一到海塔布，就能在港口打听到莱夫哥哥的消息，"埃里克兴奋地说，"说不定还有人知道他什么时候能回来，到时候我们就能把莱夫哥哥一起带回家！"

"也许吧。"坐在一旁的爸爸喃喃自语，若有所思地看着自己的小儿子。

笛子

鼓

里拉琴

吟游诗人

　　吟游诗人是社会地位很高的诗歌创作者。他们常常投奔一个贵族，这个贵族会赐给他们食物和酒，有时还有额外的赏赐。因此，享受着这一切的吟游诗人，他们的作品大多数都是献给贵族的颂歌。还有一些吟游诗人，他们四处游历，为不同的富人效劳。吟游诗人和所有的维京人一样不使用书面文字，所以他们的诗歌都是口口相传的。吟游诗人的诗歌创作有很多主题：除了关于贵族英雄事迹的颂歌外，也有讽刺诗、爱情诗和各种各样有趣的笑话诗。吟游诗人会在各种节日中演唱这些诗歌。

第二天一大早，莫滕和埃里克就出发了，他们在路上走了整整一天，穿过了一片植被茂密的地区。傍晚，他们到达了施莱湾的岸边。

"我们去那儿歇歇脚吧，"莫滕指着不远处的一块大石头说道，"石头上面的如尼文能保护我们不被野狼袭击。"

当他们走近后，埃里克更仔细地看了看这块大石头，他看到石头上有些文字。

"你认识这些字吗？"他对莫滕说。

莫滕走了过来，微笑着用手拂过这些字迹，说："啊，这是块'埃里克石碑'，上面写着：多罗夫立下此碑，是为了纪念在海塔布被围困期间牺牲的伙伴埃里克。埃里克是一名舵手，也是一位远近闻名的战士。"

埃里克皱了皱眉头，问："我不太明白，你能详细说说吗？"

"那场包围战发生在三十年前：东部的野蛮人想侵略海塔布，被海塔布人击退了。这个叫埃里克的战士就居住在海塔布，他在这场战争中英勇牺牲。为了纪念埃里克，他的朋友多罗夫为他立起了这块碑。"

ᚠᚢᚦᚨᚱᚲ ᚺᚾᛁᛩᛋ ᛏᛒᛗᛚᚱ

f u t h a r k   h n i q s   t b m l r

如尼文

维京人的文字是如尼文。如尼文字由锐角和直线构成，便于雕刻在坚硬物体的表面。毕竟，在硬物上凿出曲线和弧度要困难得多。在维京时代，包含16个字母的"弗萨克"是最常用的如尼文分支。"弗萨克"中的前六个字母 f、u、th、a、r 和 k 连起来发音为"弗萨克"，这是它的名字的由来。

维京人相信，如尼文是神明奥丁赐给他们的礼物，因此它具有某种神奇的力量。维京人把如尼文刻在自己的护身符上，用来驱邪避祸。随着基督教的发展，维京人成了基督教徒，如尼文逐渐被拉丁文所取代。

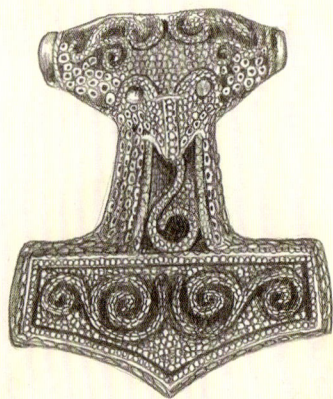

天色逐渐暗了下来，莫滕和埃里克坐在篝火旁休息。埃里克盯着眼前跳动的火光，打了个哈欠。这漫长的一天，终于要过去了。

"埃里克，给你讲个睡前故事怎么样？"莫滕说。

"好啊，"埃里克回答，"你肯定知道很多传奇的故事吧？"

莫滕说："你知道为什么众神之父奥丁只有一只眼睛吗？"埃里克摇了摇头。

莫滕说道："故事是这样的：传说在世界之树下，有一眼清泉，谁喝了泉中的水，就能获得至高的智慧。听了智慧之泉的传说后，奥丁立刻前往世界之树。智者弥弥尔守护着这眼智慧之泉，他无法拒绝众神之父奥丁，但他要求奥丁以一只眼睛作为报酬。奥丁没有考虑太久，就把一只眼睛交给了弥弥尔。在喝下智慧之泉的水后，奥丁成了众神中最有智慧的那一个。"

"而且只有一只眼睛。"埃里克补充说。

莫滕忍不住笑了起来："你说得对。好了，我们睡觉吧，明天还有很长的一段路等着我们呢！"

世界的模样

对于维京人来说，世界是一分为三的：神族居住在阿斯加德，人类居住在米德加尔特，这两个地方由彩虹桥连接。而世界的最边缘是乌特加德，这里天气寒冷，居住着可怕的巨人。

阿斯加德的中心生长着世界之树，它的枝干可以触碰到天空，它的根深达冥界。

在海洋中有一条巨蛇耶梦加得，它嘴里咬着自己的尾巴，环绕着整个世界。

维京人相信，在时间的尽头，世界将走向灭亡：巨人将对神族、人类发起战争，他们最终会获胜，世界也将因此毁灭。

奥丁、托尔和北欧众神

维京人信奉的主神奥丁是一位强大的战神，他经常骑着八条腿的天马四处巡视，神鸟胡金和穆宁陪伴在他的左右，向他通报世界上发生的事情。追随奥丁的还有基利和库力奇这对狼兄弟。奥丁的妻子弗丽嘉是母性与婚姻的守护神。

托尔是奥丁的儿子，他高举大锤妙尔尼尔与邪恶战斗。妙尔尼尔被抛出后一定会击中敌人，然后精准地回到托尔手中。有时，托尔会驾着一辆由两只公羊拉着的车驶过天际，引发阵阵惊雷。因此，托尔也被称为"雷神"。

弗雷和他的妹妹弗蕾亚是爱、繁殖与生长之神。

马具的一部分

经过一夜的休整，天刚亮，埃里克和莫滕就出发了。他们想在太阳落山前到达海塔布。天气之神托尔赐给了他们一个晴朗的秋日。

路旁的空地上，一片依照某种顺序摆放的奇特石阵引起了埃里克的注意。"那是什么？"他问。

"这是坟墓，"莫滕回答，"离这儿不远有个村子，那里的村民会把去世的亲人埋在这些'船'里。"

"船？"埃里克一脸不解，"这儿没有船。"

"你仔细看，这些石头被摆成船的形状，'船'的中间就是墓地了。"

埃里克点点头，这回他看到了"船"。

"只有富裕的家庭才能建得起这样的坟墓，"莫滕解释，"人们会给去世的亲人穿上最好的衣服，把他们在另一个世界可能会用到的东西也放在墓里，比如食物、珠宝、武器和工具。"

铜盆和玻璃制品

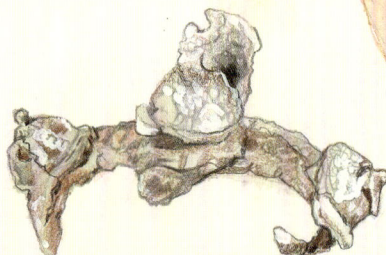

马嚼头

莫滕说："离海塔布不远的地方，还有个船葬墓。很久以前，三个特别富有的人被埋葬在这个坟墓里。坟墓里放着一艘真正的船，船的上方是人们堆起来的封土。"

　　"在我们那儿，故去亲人的坟墓就在家里的农场附近，我的祖父母，还有夭折的两个哥哥、一个姐姐就长眠在那里。我们不会在他们的坟墓里放贵重的陪葬品。"说着说着，埃里克就想起了莱夫哥哥——要是莱夫哥哥不幸死在异国他乡，爸爸妈妈就不能把他也葬在故乡了。

　　"据说那些战死的勇士不会去冥界，可以直接前往神域阿斯加德，你觉得这是真的吗？"

　　莫滕微微一笑："就像传说中那样，在奥丁的大殿里，战士们在女武神的陪伴下尽情享受宴会？老实说，埃里克，我不知道。我应该永远也不会知道，因为我可没想过要死在战场上。"

剑饰的一部分

马辔头上的扣子

傍晚时分，莫滕和埃里克终于到达了海塔布。埃里克累坏了，当他看见包围着海塔布的高大城墙时，不禁心怀希望，又忧心忡忡——这里会有人知道莱夫哥哥去了哪里吗？

两人走进海塔布的城门，莫滕指着城墙说道："你看这城墙，它的高度超过五个人的身高。一旦有外敌袭击，城门就会立刻关闭，入侵者只能咬着牙、顶着守城军队射出的箭往城墙上爬。"

埃里克深有感触地点点头，问道："海塔布经常受到敌人的攻击吗？"

莫滕摇摇头："并没有，你也看到了，这座城的防卫有多么优秀。上一次海塔布被敌人攻击还是几十年前。还记得我们在路上看到的那块石碑吗？跟你同名的那个战士就是在几十年前的那场守城战中牺牲的。我有很多关于在这堵城墙下战斗的勇士的颂歌。"

"你也打过仗吗？"

莫滕笑了："我是诗人，不是战士。打仗这些事情，还是让更擅长的人做吧！来吧，我们俩得快点儿，斯文正在城里等着我们。"

丹内维尔克边墙

丹内维尔克边墙

丹内维尔克边墙是一座长达三十公里的防御工事，由沟渠和城墙组成。这个伟大的工程是由一代又一代丹麦人建造起来的，一直到 12 世纪才完成。它位于丹麦帝国的南部国境线上，主要作用是抵御南部斯拉夫人和萨克逊人的攻击。如今，我们仍然可以参观丹内维尔克边墙的遗址。

施莱湾

哈德比湖

塞尔克湖

海塔布

  大多数维京人都住在自己的农场里，或者居住在有几十个居民的小村庄中。维京时代的海塔布有近一千的人口，是北欧地区的第一大城市。

  海塔布建于公元 8 世纪初期，经历了一个多世纪的发展，在公元 9—10 世纪成为北部地区最重要的贸易城市之一。海塔布位于丹麦领土上最狭窄的地方，作为贸易中转站连接波罗的海和北海。在丹麦语中，海塔布的意思是"荒野之地"。

莫滕带着埃里克来到了他的朋友斯文的家。斯文是一位玻璃珠工匠，他的房子和工坊就在海塔布的一个小胡同里，离港口不远。

"你终于来了，"斯文热情地打着招呼，"三天前你就该到了。"

"不用担心我，你知道，奥丁会保佑我们这些吟游诗人的。对了，这是埃里克，他哥哥几个月前出海，到现在也没回来，他来打听他哥哥的下落。"

"欢迎，埃里克，进来吧，你们俩肯定饿了，我妻子做了一大锅可口的饭菜！住的地方也给你们安排妥当了。"

玻璃块

染布女工

玻璃珠工匠

玻璃珠工匠能够做出各种颜色、形状的玻璃珠。这些玻璃珠很受维京人的欢迎，他们把玻璃珠当成饰品，大多数时候会串成项链佩戴。考古工作者在海塔布已经发现了16种、总数超过7000颗的玻璃珠：纯色的、五彩的；平的；圆的；长的、短的；花形的、梨形的……工匠们的创意无穷无尽。

手艺精湛的工匠

在海塔布住着很多工匠：铁匠们敲敲打打，把生铁锻造成斧子、锤子、钳子这些工具；首饰匠人用一双巧手把金、银、铜做成精美的胸针、项链、手镯；木匠、造船工人、做水桶的桶匠都离不开木头；制革工人用动物身上剥下的皮做出皮革，鞋匠就用这些皮革做出鞋子、皮带和马辔头。

纺织女工

制陶工人

埃里克和莫滕在斯文家的壁炉前舒服地享受着炉火的温暖。斯文的夫人维格迪丝给他们做了一大锅炖菜，埃里克是真的饿了，很快就吃完了他的那份食物。现在，在炉火的照耀下，埃里克正好奇地四处打量。

维格迪丝有两个比埃里克年纪还小的女儿，她们正在帮妈妈做家务；斯文五十多岁的母亲正在卧室里睡觉，时不时传出阵阵鼾声。

"我们俩都在等，"斯文对埃里克说，"你等你哥哥，我等我的小赭石。"

"小赭石？"埃里克好奇地问道。

"它来自法兰西，本来早就应该到了。"

"法国人？"埃里克有点惊讶。

"嗯……可以这么说吧，"斯文笑着回答，"小赭石是一种黄色的沙石，它可以做成一种染料，我做玻璃珠的时候会用到。海塔布的女士们现在对黄色的玻璃珠情有独钟，一个月前我这边的赭石就用光了。我现在天天都等着从霍因施泰特来的货车给我送赭石呢！"

埃里克点点头，叹了口气："希望你的小赭石很快就到，我的哥哥也一样！"

贸易商路

随着时间的推移，维京人在一次次的海上航行中建立起庞大的贸易网络：他们穿越黑海，成功抵达了东罗马帝国的首都君士坦丁堡；甚至有维京人越过伏尔加河，发现了从欧洲到中国的丝绸之路。

琥珀

辛格韦德利
雷克雅未克

锡格蒂纳

卑尔根

考邦

伦德
维堡
罗斯基勒
耶灵
里伯
阿科
海塔布
汉堡

约克
多雷斯塔德
科隆
都柏林
伦敦
亚琛
利默里克
黑斯廷斯
普吕姆
科克

巴黎
奥尔良

南特

波尔多

玻璃制品

兽皮

盐

布料

陶器

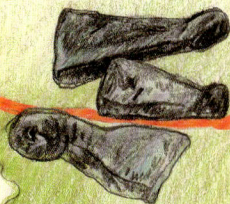
铁

保加

圣彼得堡

诺夫哥罗德

哥尔摩

里加

维斯比

伏尔加格勒

伊蒂尔

四周的图片是维京人的贸易商品。图片排序与其原产地的地理位置无关。

森林

布拉格

君士坦丁堡

蜂蜜

皂石

巴格达

磨盘石

耶路撒冷

比萨

罗马

亚历山德里亚

羽毛

藤柳制品

葡萄酒和蜂蜜酒

骨头和兽角

维京棋

梳子工匠也会用鹿角、象牙或者琥珀做棋子。只要维京人有空闲时间，他们也很喜欢玩乐。在漫长的冬日里，维京人会围坐在家里的火炉旁，玩各种棋类游戏。其中最受欢迎的一种叫作"海法塔夫"，它的规则和国际象棋差不多——在正方形的棋盘上，黑白两方对垒厮杀。

维京人也玩球类游戏，其中一种叫作"纳特里尔克"。这种来自冰岛地区的游戏非常暴力，比赛经常是在血腥野蛮的打斗中结束的。

天刚亮，斯文一家就起床了。莫滕要去和商人奥拉夫见面，他就是邀请莫滕来海塔布的那位富商，他们俩还要商量一些事情。埃里克打算在海塔布四处打听莱夫哥哥的消息。

清晨的海塔布到处都很热闹，这么小的地方，竟然有这么多人！埃里克有些迟疑地咬了咬嘴唇：就这样直接到人群里打听消息吗？

自己来海塔布不就是为了哥哥嘛！想到这里，埃里克走向了一个正在家门口打磨鹿角的梳子工匠。

"您好，"埃里克说，"请问一下，您听说过'冲浪者号'吗？我哥哥今年春天乘着这艘船出海了，您有听说过这艘船吗？"

这个梳子工匠耸了耸肩，说："不好意思啊小伙子，每天这儿都会有几十条船来来往往，谁能把它们都记住呢？"

象牙棋子

梳子工匠

巧手的梳子工匠可以用鹿角做出工具、钥匙的柄、戒指、骰子、棋子和梳子。维京人并不是邋遢的野蛮人：无论男女老少，都喜欢梳理自己的头发，这也让他们能够远离恼人的虱子。维京人非常喜欢梳子，梳子甚至会被放进死者的坟墓作为陪葬品。

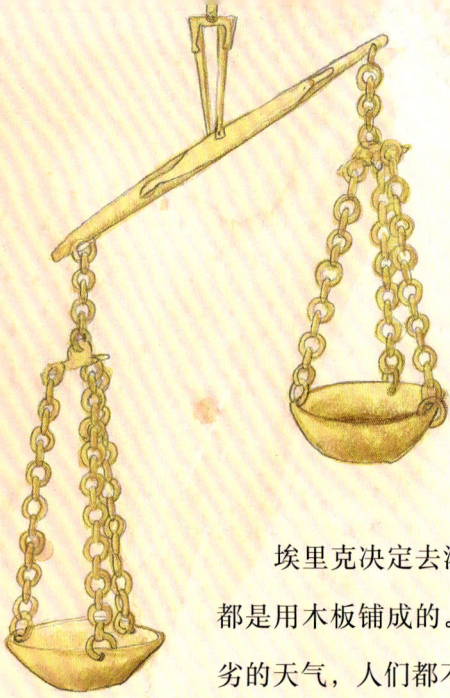

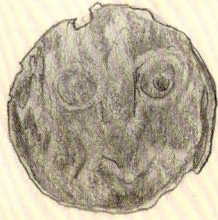

埃里克决定去港口碰碰运气，也许在那里会有好消息呢！在海塔布，很多道路都是用木板铺成的。埃里克觉得这可真是个实用的发明，有了这些木板，不管多恶劣的天气，人们都不会在路上弄湿自己的脚了。

在码头上，第一批商人已经布置好自己的摊位。贸易商船"克诺尔号"正在卸货，身强力壮的搬运工把箱子、麻袋和木桶搬上码头。埃里克在一个琥珀商人的摊位前停了下来，这个琥珀商人正在把珍贵的货物小心翼翼地放在一块棕褐色的布料上。商人一脸和气，看到埃里克，他问道："嘿，小伙子，要买块琥珀吗？我昨天拿到了几块来自比尔卡的上好琥珀！"

"不了，谢谢您，我什么也不买，我是来找我哥哥莱夫的。他今年春天五月份的时候乘着'冲浪者号'出海了，你听说过这艘船吗？"

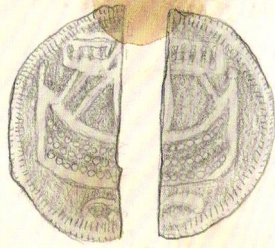

"碎银子"

　　维京人在日常生活中经常以物换物，但他们也使用货币。这个时候的货币大部分是银制品。维京人很关注银质货币的重量，因此几乎每个从事贸易的商人都有一套便于携带的折叠天平和砝码，可以随时称量交易时收取的货币。维京人会把银质货币切成碎片，凑出合适的重量。考古发掘中经常发现这样的"碎银子"。

"是的，我想起来了，"琥珀商人说，"'冲浪者号'，那是艘很快的船，有华丽的船帆。"

埃里克睁大了眼睛："您知道那艘船后来怎么样了吗？"

"五月出海的话，它应该早就返航了吧。不过，可能它像莱夫·埃里克松和他的水手们一样，又扬帆去了文兰？"

"莱夫·埃里克松？"

"你不知道他吗？他可是个非常勇敢的人。他从格陵兰岛出发，乘船一路向西远航，没有人到过比他更远的地方！出海前莱夫·埃里克松听说西方有陆地，最后他就真的在西方发现了陆地！那里草木旺盛、土壤肥沃，连葡萄都可以生长。莱夫给那块土地起名叫文兰。"

埃里克耸了耸肩膀，说："抱歉，我对这个莱夫·埃里克松和他的文兰不感兴趣，我只想知道我的哥哥到哪里去了。"

友好的琥珀商人理解地点点头："实在是对不起，我没有其他关于你哥哥莱夫和'冲浪者号'的消息了。"

"谢谢您，没关系，"埃里克说，"我再到其他地方打听打听。"

发现新大陆

维京人是探险家，也是拓荒者。他们从家乡斯堪的纳维亚出发，横跨北海来到设得兰群岛、奥克尼群岛和法罗群岛，之后又到达冰岛。当时这些岛屿都荒无人烟，维京人就安心地住了下来。

公元 10 世纪末，居住在冰岛的红发埃里克又探索了格陵兰岛。之后不久，两个大规模的拥有几百个农场的维京人聚居点就出现在格陵兰岛南部。

爱尔兰和英格兰也有维京人生活的印记，不过，这里的维京人就没那么幸运了——他们和当地的原住民之间常常发生争斗。

法国北部的诺曼底，它的名字也来源于维京人的殖民与入侵，意思是"北方人的领地"。

格陵兰

冰岛

纽芬兰

—— 红发埃里克航海路线
—— 比雅尔尼·赫尔约尔夫松航海路线
—— 莱夫·埃里克松航海路线

维京人发现美洲

莱夫·埃里克松是红发埃里克的儿子。一个叫作比雅尔尼的水手告诉他，格陵兰岛的西边应该还有陆地。莱夫召集了30名身强力壮的水手，在公元1000年左右从格陵兰岛出发，向西航行。出海后不久，莱夫就找到了一片土地，也就是巴芬岛、拉布拉多半岛和纽芬兰岛。这三个地区如今都是加拿大的领土。

莱夫带领的这群维京人在纽芬兰岛修建房屋，定居了下来，后来更多来自格陵兰岛的维京人来到这里生活。一开始，一切都很顺利。然而，一段时间之后，纽芬兰的原住民出现了，给这些维京人带来了巨大的压力。经过几年的对峙，最终这些维京人放弃了这片"新世界"，回到了格陵兰。

宽刃斧头

锤子

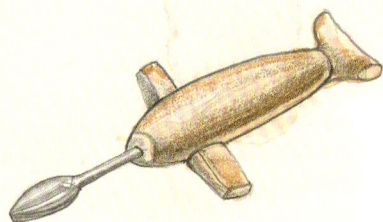
勺钻

  埃里克看到，在房屋后的空地上，有十几个工人在造船。他们造的不是海盗船，而是一艘有着大船舱的贸易商船。秋季的海上风暴来临之前，这艘船能不能下水呢？船边的工人正在努力地工作：大部分工人正在把木板钉在船的骨架上，其他工人把羊毛和沥青混合在一起，用来填充木板之间的缝隙。现在这艘船只差上层结构和船帆了。

  整个上午埃里克都待在港口。很快他就放下了心中的胆怯和紧张，鼓起勇气和遇到的每一个人交流，问他们有没有听说过莱夫哥哥和那艘五月就出海的"冲浪者号"。其中有些人确实见过这艘船，却没有一个人知道这艘船去了哪里。一个正在修理码头的老木匠和埃里克一样担忧：他的儿子也在"冲浪者号"上，他也害怕那"最糟糕的事情"发生。

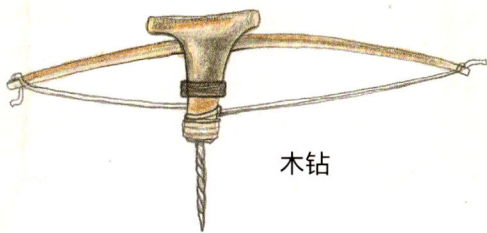

木钻

切削斧

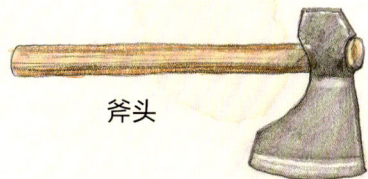

斧头

龙船

　　维京人的龙船恶名远扬。它们是维京人出海掠夺时乘坐的战船，之所以叫作龙船，是因为维京人每次出击时，都会在船首放一个龙头——可能是为了威慑敌人，营造恐怖的气氛。一般来说，维京人的龙船要比他们的诺尔船长很多，但更窄一些。龙船最长可达 40 米，宽 3—4 米，每艘龙船配有 25—30 对船桨。

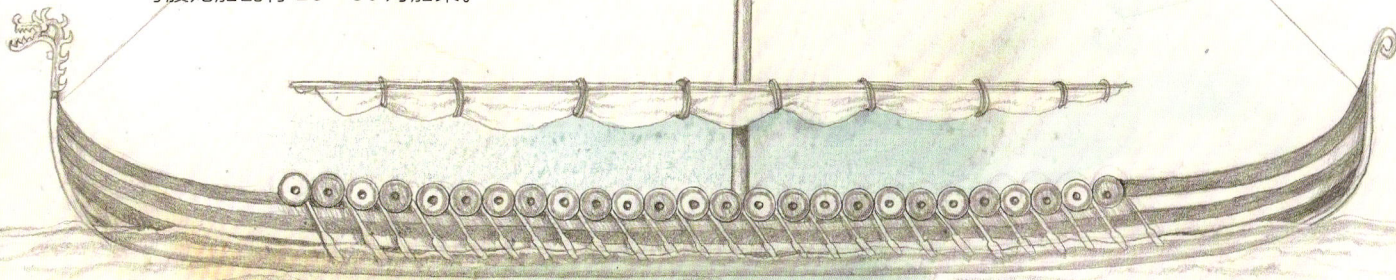

诺尔船

　　诺尔船有 25 米长，宽度可达 6 米，配有 4 对船桨。只有在进出港口和完全无风的时候才用得到船桨。一般来说，诺尔船依靠风力航行。维京人用诺尔船运输货物。诺尔船也可以装下维京人的全部家当，载着他们穿越北大西洋，到达格陵兰。

埃里克垂着头往前走。他多么希望有人知道莱夫哥哥的下落啊！

他猜测，也许莱夫哥哥已经回到了海塔布，又再次出海航行。

突然，埃里克的耳畔传来了钟声——一个留着奇怪发型的人正站在一座木头亭子里，手里拽着绳子，一下下地敲着钟。埃里克知道，这是一个基督徒，也许还是神父。

埃里克的父母跟他说过，越来越多的人开始信奉基督教。

"那怎么能被称作是神？"埃里克的爸爸曾经这样问过，"惨遭折磨，被钉在十字架上，这可不是什么神！"

埃里克的妈妈说："他死而复生了。他是个仁慈的神，总是帮助弱者和穷人。"

"也许我可以向这个基督教的上帝祈祷，"埃里克想，"求求他保佑我的哥哥！"

通过模具，人们可以同时造出
基督教的十字架和"雷神之锤"护身符

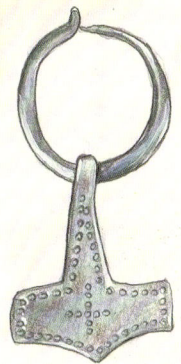

维京人成了基督徒

从公元9世纪开始，基督教传教士进入北欧地区，试图向当地人传教。
其中最有名的一位传教士是修道士安斯卡，他被尊称为"北方的使徒"。
公元830年，他被批准在瑞典的比尔卡修建了一座教堂；公元849年，
他又在海塔布完成了同样的事情。到了公元10世纪，当斯堪的纳维亚地
区的国王和贵族开始青睐基督教时，北欧地区的基督教有了巨大的发展：
平民开始信仰基督教，时至今日，我们并不清楚这是自愿的还是被强迫的。
随着公元11世纪基督教在斯堪的纳维亚地区的全面推行，维京时代也画
上了句号。维京人放下了武器，成为"基督教欧洲"的一部分。

　　晚上，埃里克跟莫滕来到了宽敞的宴会大厅，奥拉夫就在这里为自己的女儿朵拉举办盛大的婚礼。数不清的灯笼和蜡烛照亮了四周，整个大厅灯火通明。

　　看着摆在桌子上的美食，埃里克不禁吞了吞口水。烤肉，刚出炉的面包，香肠，黄油和奶酪，一大锅炖蔬菜，还有苹果、梨和樱桃，各种各样的坚果……埃里克简直不敢相信自己的眼睛，桌子上还有整整一罐蜂蜜！

　　奥拉夫真诚地邀请埃里克享受美食，埃里克也就毫不客气地吃了起来！几个仆人在席间走动，给客人倒酒。

　　等客人们酒足饭饱之后，大诗人莫滕终于隆重登场，他妙语连珠，吟诵、讲述了很多有趣的诗歌和故事。客人们笑声不断，为他献上了雷鸣般的掌声。

干杯！吃好喝好！

  维京人的食物主要来自他们的土地。维京人会种植各种各样的粮食作物，特别是大麦和黑麦，它们可以做成粥和面包。除此之外，维京人还会种植蔬菜，比如豌豆和洋葱。他们也会到野外采集蘑菇、坚果和草莓、樱桃这样的果子。为了给食物增加甜味，维京人会采集蜂蜜。他们的餐桌上很少出现肉类，相比之下，鱼更受维京人的欢迎。海塔布地区的维京人喜欢吃鲱鱼和鲈鱼。在特殊场合，维京人才会喝蜂蜜甜酒。

维京人出海、聚会时
搭建的帐篷和炉灶

直到深夜，埃里克和莫滕才离开宴会，拖着疲惫不堪的身体回到了斯文家。睡觉之前，埃里克试着向基督教的上帝祷告了一会儿。这一夜，他睡得并不安稳。

一大早，埃里克就起床了。他狼吞虎咽地吃了一片面包和一个苹果，就又向港口跑去。莫滕大概中午就会离开海塔布，留给埃里克的时间不多了。整整一个上午，埃里克都在码头上跑来跑去，向每一个人打听哥哥的消息，要是碰到那些听不懂他说话的人，埃里克就手脚并用，用肢体语言交流。他忙活了半天，还是没有人知道"冲浪者号"的下落。

埃里克满心悲伤，静静地望着眼前的海面。这时，一只温暖的大手拍了拍他的肩膀。"别灰心，"莫滕安慰埃里克，"造物主的安排总是让人捉摸不透。"

埃里克并没有注意听莫滕说了什么，他的视线投向了前方，那里，一艘长长的龙船正在靠岸。这会是"冲浪者号"吗？

维京战士存放私人物品
的箱子

圆盾

航海大师

维京人没有指南针、六分仪这样的航海工具。当他们在靠近陆地的
地方航行时，会借助一些特殊的地标，比如悬崖、入海口和山脉，来寻
找方向；在开阔的海平面上，维京人借助夜晚的星星（特别是北极星）
和白天的太阳来辨别方位。为了确定这些天体的高度（用来辨别经纬度），
有时候他们会用到带有凹槽的小木棍。在那个时代，只有维京人可以用
这些简单实用的导航方法远渡重洋，前往冰岛和格陵兰岛等地。

冒险精神和丰厚的战利品

为什么维京人会走上这条臭名昭著的劫掠之路？因为没有相关的
记录流传下来，我们并不清楚具体原因。后人推测，维京人的冒险精
神和对丰厚战利品的渴望让这些农民和工匠成了海盗。

是"冲浪者号"！埃里克根本等不及船靠岸，他兴奋地来回奔跑，按捺不住内心的激动和紧张。莱夫哥哥会在船上吗？龙船终于靠岸，船上的人走了下来，他们个个都胡子拉碴，看起来疲惫又快乐。最后一个走下船的，是一个金红色头发的年轻人。看到他，埃里克的心跳得飞快，那是莱夫哥哥！埃里克控制不住激动的心情，一头冲进了哥哥的怀抱。

"埃里克，你在这里干什么？"莱夫一脸惊讶地问。

"找你呀！"埃里克说，他的脸颊上淌满了激动的泪水，"我特别担心你，你去哪儿了，怎么这么长时间都没回家？"

"我们在爱尔兰海的时候，船上的桅杆坏了，寻找新的桅杆加上修理船只用了好几周的时间。在布迪加拉，我们又差一点儿全军覆没！在那儿我们失去了六个兄弟……这些事等我回家再慢慢讲给你听。"

"你跟我一起回家吗？"埃里克问。

"嗯，一起回家。我们的战利品都放在首领西古尔德的仓库里，那里戒备森严，非常安全。我们先回家，十天后我们这些船员会再来海塔布分配战利品。"

维京人的入侵

从公元 9 世纪开始，直到 11 世纪中期，在约 250 年的时间里，维京人对海边的聚居区、修道院和教堂进行了长期的掠夺。借助他们的大船，维京人甚至驶入了莱茵河、易北河这样的大河，逐渐入侵内陆。维京人的船只越来越多，舰队越来越庞大，最多的时候甚至有几十艘船一起发动突袭。每艘船上有 20—50 人，多的时候有 100 人。

维京人的武器装备

大多数维京人的武器是弓箭、长矛、刀和战斧。他们举着用铁皮加固的木制圆盾，头上戴着皮制的帽子，上身穿着紧身皮衣。只有富有的贵族才能装备头盔和铁甲，手拿长剑走上战场。维京人戴牛角头盔的说法，是 19 世纪才流传起来的谣言。

两天后，埃里克、莫滕和莱夫一起回到了家，这是个多么美妙、幸福又充满欢笑的时刻啊！妈妈拉着本以为再也回不来的大儿子的手，一刻也不松开；埃里克和姐姐兴致勃勃地听着莱夫讲述在海上的冒险故事；爸爸立刻宰了只大肥鹅，庆祝莱夫的归来。一场欢乐的聚会就这样在埃里克家里开始了。当然，这场聚会还邀请了莫滕和邻居们参加。

所有人都精心地梳洗打扮了一番，大家举杯畅饮，开心地唱起了歌。聚会少不了莱夫这一路的冒险故事——一望无际的海上的风暴、对南部地区教堂和修道院的劫掠……所有人都听得津津有味。

莱夫给大家讲述这些冒险经历的时候，埃里克的目光一刻也没有从哥哥的身上离开过。他手里攥着哥哥送给他的银质十字架，听得入了迷。这些精彩的冒险故事，让埃里克不禁幻想起自己乘着龙舟出海远航的画面——不过，他还太小，还要再等上几年才能出海。

衣服和首饰

　　维京人的衣物基本上都是用羊毛做成的，少部分衣物的原料是亚麻布。在海塔布地区考古发掘中发现的鞋子，大部分是用羊皮做成的。不过，天气暖和的时候，维京人常常会赤脚行走。孩子们穿的衣服和大人的没有区别。

　　维京女人常见的首饰有项链、戒指和手镯，它们是用玻璃珠、琥珀、银和罕见的金子做成的。

维京时代

公元 793 年　位于英格兰东北部海岸的林迪思法恩修道院被维京人袭击。这是历史上第一次有记载的维京人袭击事件，被认为是"维京时代"开始的标志。

约公元 800 年　维京人从挪威出发，占领苏格兰北部的奥克尼群岛和设得兰群岛。

公元 813 年　维京人首次入侵爱尔兰南部沿海地区。

公元 826 年起　修道士安斯卡游历至丹麦、瑞典，开始传播基督教义。

公元 841 年　挪威地区的维京人占领了都柏林，并将它作为多次劫掠苏格兰的据点。

公元 845 年　维京人入侵汉马堡（即今天的德国汉堡市）。维京首领拉格纳以对巴黎的保护为由，勒索法国国王 7000 磅银币。

公元 851 年　一支维京舰队驶入泰晤士河，劫掠了伦敦和坎特伯雷，之后又用相同的手段入侵法国。

公元 865 年　丹麦维京人的一支强大的军队踏上英格兰东海岸，占领了岛上的大片领土。直到公元 918 年这片土地才被英国收回。

约公元 870 年　爱尔兰和苏格兰地区的维京人迁往冰岛。

公元 882 年　维京人入侵德国的特里尔、科隆、波恩、科布伦茨和亚琛。

公元 911 年　西法兰克国王查理三世将港口城市鲁昂及塞纳河下游的部分地区送给维京首领罗洛。时至今日，这里依然保留着维京人的印记，被称为"诺曼底"（意思是北方人的领地）。

公元 965 年　丹麦国王蓝牙哈拉尔德接受基督教的洗礼，丹麦成为基督教国家。

公元 986 年　红发埃里克与一些拓荒者由冰岛出发，前往格陵兰岛，并开始了对格陵兰岛的长期殖民。

公元 995 年起　挪威国王奥拉夫·特里格瓦松以武力迫使挪威全国信仰基督教。

公元 1000 年　基督教成为冰岛的官方宗教。

约公元 1000 年　红发埃里克之子、格陵兰人莱夫·埃里克松登陆纽芬兰岛。他是第一个到达北美洲的欧洲人，比哥伦布早了大约 500 年。

公元 1066 年　这一年被认为是维京时代的结束。挪威国王哈拉尔德在斯坦福桥战役中兵败被杀。同年，海塔布被斯拉夫人烧毁，此后再未重建，其贸易中心的地位被施莱湾北岸的新兴城市石勒苏益格所取代。

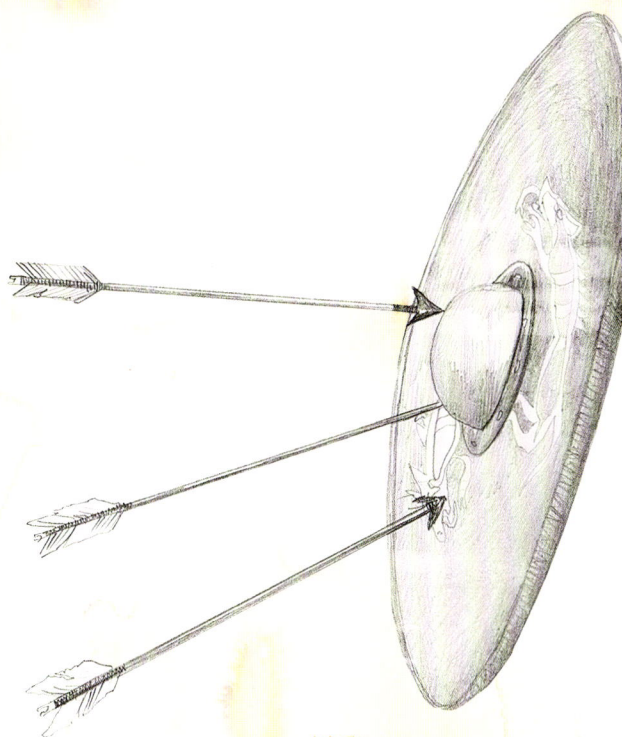

海塔布维京博物馆

在 9—11 世纪的维京时代，海塔布是北欧最重要的贸易中心之一，其前身是商人们在如今位于德国石勒苏益格－荷尔斯泰因州的施莱湾建立起的一个小型贸易聚集点——随着不断发展壮大，这里逐渐成为北欧最为重要的贸易城市，并持续了 250 多年之久。1066 年，海塔布被一伙野蛮的斯拉夫士兵践踏成了废墟，其贸易中心的地位逐渐被邻近的石勒苏益格所取代，曾经风光无限的海塔布跌入了历史的尘埃，逐渐被人们所遗忘。岁月冲刷着历史，在海塔布留下的所有痕迹早已荡然无存，只有围绕城市的那半圆形城墙得以保存下来。1900 年，人们对海塔布地区进行了第一次考古挖掘。如今，德国最重要的考古博物馆之一——海塔布维京博物馆就坐落在这里。其镇馆之宝是依照从海塔布港口发现的沉船重建的海塔布 1 号长船；此外，馆内还陈列了许多维京时代的文物，包括如尼文石碑、各类工具、武器、首饰、乐器，甚至还有儿童玩具。在历史展厅，陈列着用以向游客展示彼时维京人生活场景的 7 幢古代维京房子和 1 座栈桥——2005—2007 年，考古学家在海塔布发现了这些建筑，人们依照其原貌进行了重建。

参观地址：

德国石勒苏益格－弗伦斯堡县布斯多夫镇哈德比尔·淖尔 3 号

邮政编码：24866

网址：www.haithabu.de

本书与海塔布维京博物馆合作出版。

特别鸣谢乌特·德鲁兹馆长及全体博物馆工作人员为本书提供的专业意见！

图书在版编目（CIP）数据

维京少年 /（德）弗兰克·史威格著；（德）扬娜·
斯泰曼绘；李柯薇译 . -- 福州：海峡书局，2022.4
　ISBN 978-7-5567-0904-5

Ⅰ.①维… Ⅱ.①弗… ②扬… ③李… Ⅲ.①北欧 -
中世纪史 - 儿童读物 Ⅳ.① K530.9

中国版本图书馆 CIP 数据核字 (2022) 第 010572 号

Original title:
Author / Illustrator: Frank Schwieger, Janna Steimann
Title: Erik, der Wikingerjunge
Copyright © 2018 Gerstenberg Verlag, Hildesheim, Germany
Chinese language edition arranged through HERCULES Business & Culture GmbH, Germany

本书中文简体版权归属于银杏树下（北京）图书有限责任公司

著作权合同登记号 图字：13—2021—101 号
审图号：GS（2021）7244 号

出 版 人：林　彬
选题策划：北京浪花朵朵文化传播有限公司
出版统筹：吴兴元　　　　　　　　　编辑统筹：彭　鹏
责任编辑：廖飞琴　刘毅攀　　　　　特约编辑：陈宇星
营销推广：ONEBOOK　　　　　　　装帧制造：墨白空间·杨阳

维京少年
WEIJING SHAONIAN

著　者：[德]弗兰克·史威格	绘　者：[德]扬娜·斯泰曼
译　者：李柯薇	出版发行：海峡书局
地　址：福建市白马中路15号海峡出版发行集团2楼	
邮　编：350001	
印　刷：嘉业印刷（天津）有限公司	开　本：889毫米×1230毫米 1/16
印　张：3	字　数：50千字
版　次：2022年4月第1版	印　次：2022年4月第1次印刷
书　号：ISBN 978-7-5567-0904-5	定　价：59.00元

读者服务：reader@hinabook.com 188-1142-1266
投稿服务：onebook@hinabook.com 133-6631-2326
直销服务：buy@hinabook.com 133-6657-3072
官方微博：@浪花朵朵童书